うっかりミスで重大な結果を招いてしまった後、なぜあの時、あんなミスをしてしまったのだろう、いつもならばしないのに・・・と考えます。

さて、うっかりミスをしたそのときの人間の意識はどんな状態だったのでしょうか。

人間の意識のレベルを脳波のパターンを元に5つのフェーズ（段階）に分けたのが以下の表です。

頭のすっきりしているフェーズⅢの状態を常に維持できれば、ミスをすることはないでしょう。しかし、人間はいつもそうした緊張を持続することはできません。1日の多くの時間はフェーズⅡの状態であり、何か重要なことが起きたときにフェーズⅢになります。そして、体調によってはフェーズⅠになり・・・・うっかりミスを招くのです。

意識レベルの5段階

フェーズ	生理的状態	注意力・判断力
0	睡眠	ゼロ
Ⅰ	疲労・眠気	不注意状態が続き、度忘れ、ポカミスが多い。
Ⅱ	休息・定常作業時	リラックスした状態。予測活動が活発に行われず、創造的な意志力も期待できない。人間が最も長い時間を過ごす。
Ⅲ	積極活動時	意識は明晰で、積極的に活動する。うっかりミスを起こすことはほとんどない。
Ⅳ	興奮時・パニック状態	緊張しすぎた状態で、一点に意識が集中し、ほかの事が目に入らず正しい判断ができない。

2.うっかりミスはなぜ起きる？

それでは、フェーズI、IIの意識レベルのとき、すべての人がミスを犯すかといえばそうではありません。さらにどんな要素が加わってミスという結果になるのでしょうか。

・思い込み・

変更の連絡を受けていたのに、普段やりなれている作業だから、ついいつもと同じ作業と思い込み、いつもどおりにやってしまった。

・焦り・

急いでいたので（時間の余裕がなかったので）、教えられた基本のやり方でなく、自分のやり方でやってしまった。

・感情の乱れ・

朝、出掛けに家でちょっとトラブル。**感情の高ぶり**が収まらずに仕事を始めた。

・注意力の低下・

同時に二つのことをして一方の仕事に気をとられて、**注意がおろそか**になってしまった。

3.ミスを防ぐ仕組みをつくろう

①ダブルチェック

作業が正しく行われているかどうかは一人の目より複数の目で確認するダブルチェックが有効です。しかし、自分以外の人が確認してくれると思うと、確認が雑になるという落とし穴もあります。そこで、さらに実効性を高めるために・・・

⇒確認の仕方や順序を変える

他部署、上司など異質な人の組み合わせにする。

②警報で知らせる

入力ミスなどが起きたときに警報を鳴らして知らせる方法です。

ただし、あまり頻繁に警報が鳴ると注意を呼び起こさなくなったり、作業が進まないからと警報が鳴らないように無効にしてしまう場合があります。

こうした仕組みの落とし穴には、こんな方法で有効性を確保しましょう。

・警報⇒リスクの重大性により警告に強弱をつける

4.指差し呼称でミスをなくそう

　意識レベルは1日のうちで移り変わります。作業の開始時は、緊張し意識も明晰ですが、次第に作業に慣れてくると、リラックスしフェーズⅡの状態が続きます。さらに繰り返しの作業が続くと疲労と単調さで、意識はフェーズⅠの状態になります。

　ミスを防ぐためには意識レベルをⅡからⅢへ、ⅠからⅡ、Ⅲへギアチェンジする指差し呼称が有効です。

指差し呼称の実践方法

①対象をしっかり見る。右腕を伸ばし人差し指で対象を指差す。

②確認する項目を唱えながら、人差し指を耳元まで引き上げる。

③本当によいかを考え、確かめる。（半拍の間をおく。）

④確認できたら、「ヨシ!」と唱えながら、確認する対象に向かって振り下ろす。

●なぜ指差し呼称が有効なのか●

①指差し動作や発声で、脳が活性化する。

②指差し動作により対象に注意が集中する。

③指差し呼称の一連の動作をすることで生まれる時間の余裕が、短絡的な行動を防ぐ。

5.指差し呼称のツボ

　「安全確認　ヨシ!」「異常なし　ヨシ!」など、どんな状態を確認しているのかが曖昧であると、指差し呼称が単なる形式となりミスの防止には役立ちません。指差し呼称は以下の点を押さえ実践しましょう。

● 唱える項目は具体的に!

● きびきびと、一つひとつの動作を確実に!

● きちんと間を取り、状態をしっかり確認!

防じんマスク、安全靴、足カバー
着用 ヨシ!

―――― 例 えば ――――

着用すべき保護具を具体的に

　「防じんマスク、安全靴、足カバー着用　ヨシ!」
　　　　×「保護具着用　ヨシ!」

作業行動を明確に

　「製品の位置修正時、機械停止　ヨシ!」
　　　　×「機械停止　ヨシ!」

操作内容を具体的に

　「マストの後傾　ヨシ!」
　　　　×「マスト　ヨシ!」

立ち位置
3段目以下
ヨシ!

安全な位置を示す

　「立ち位置3段目以下　ヨシ!」
　　　　×「立ち位置　ヨシ!」

数値で明らかにする

　「2m以上退避　ヨシ!」
　　　　×「退避　ヨシ!」

6.標識・表示で注意の喚起

標識・表示は注意を喚起し、ミスの防止には有効です。危険を表す標識、注意を促す標識などがありますが、文字だけでなく絵や図を併用したり、見間違えや、見落としがないように明確に表現することが大切です。

また、標識・表示を掲示していても長期間取り替えずにいるとその役割を果たさず、むしろうっかりミスを誘うような場合があります。職場の標識・表示類が有効か定期的にチェックしましょう。

＜標識・表示作成のポイント＞

●一目でわかるように文字プラス絵・図で。

●表現は明確に。「開」と「閉」は文字の形が似ているので、「閉」を「締」に。さらにその状態を絵で示す。

●どの位置からでも見えるように設置する。

●同一工場内、同一職場内で表現を統一する。

＜標識・表示の定期チェック＞

・隅がはがれていたり、傾いていないか

・汚れていたり、色あせしていないか

・周りに荷物が積まれていないか

7.コミュニケーションでミスを減らそう

　職場でミスを防ぎ安全を確保するためには、相互の注意やコミュニケーションは欠かすことのできない要素です。仲間の一言が命を救うこともあるのです。

ミーティングで気づきを促す

　職場のミーティングでは、経験や知識、安全への感性がそれぞれ異なるメンバーからさまざまな情報が出されます。過去のヒヤリ・ハットも重要な情報で、気づかなかった危険な箇所を知ることができます。また、思い込みを防ぐためにもこうした情報の交換は大切です。

相互注意でミスを防ぐ

　あれ！今朝のミーティングで作業の変更指示があったのにいつもと同じ作業をしている・・・と気づいたとき、また、不安全行動や不安全状況に気づいたとき、臆することなくその場で注意することが大切です。
　また、「後ろを通ります！」などのちょっとした声かけも安全のためのコミュニケーションです。

●指示・伝達を出す人は言葉を省略したり、誤解を与えやすい表現は避けましょう。

●指示・伝達を受ける人は、どこがポイントか正確に聞き取り、必要に応じてメモを取り、疑問点はその場で解決しましょう。

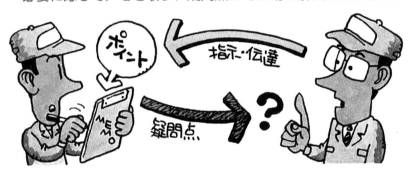

●合図は、送る人、受ける人双方がその合図を熟知し、正確に伝えられるように、訓練しておくことが必要です。

8.うっかりミスをしない "人づくり"

"人間はミスを犯すもの"と言われます。それでも重大な災害をもたらすミスは回避しなければなりません。

ミスを犯しにくくする日常的な取り組みを紹介しましょう。

① メモの習慣

作業のポイント、安全上注意することなどを文字にすることで記憶にとどめ、落ち着いて作業を進めることができます。

② 作業の前に危険予知

作業の前にその作業にどんな危険が潜んでいるか、短時間で危険予知を行いましょう。

③ 休憩時間にストレッチング

　単調な作業が続くと注意力も低下します。休憩時間に体を動かしリフレッシュしましょう。

　パソコン作業では一連続作業時間が1時間を越えないように、10〜15分の休止時間をとり、遠くの景色を眺めたりして目を休め、また、体の各部のストレッチを行いましょう。

④ 体調を万全に

　前日の疲れが残っていたり、睡眠不足のときはミスを犯しやすいものです。睡眠・休養は十分にとりましょう。

　始業時に健康確認を行い、体調の悪いときは上司に申し出ましょう。

9.うっかり、ぼんやりを災害にしない―設備の対策

　うっかりミスをまったくしない人はいないでしょう。ついうっかり回転部分に手をつきそうになった、起動スイッチに触れそうになった、など職場では、たとえこのようなことがあっても災害にならないように設備面での対策をしておくことが重要です。

設備対策のポイント

囲う ●開口部・ピットの周囲には高さが90cm以上の柵をし、中さんと幅木を設置する。

●起動スイッチは誤って押されないように埋頭型に。

埋込み式　　囲み式

ロックする ●バルブなど誤って操作しないように施錠をする。

覆う

●機械の回転部分にカバーをする。

●突起部分に防護カバーをする。

●通常操作しない押しボタンはカバーをする。

●段差にはスロープを、床の配線には覆いをする。

すぐに実践シリーズ

うっかりミスを防ごう

平成 19 年 10 月 19 日　　第 1 版第 1 刷
令和 6 年 7 月 1 日　　　　第10刷

編　者　中央労働災害防止協会
発行者　平山　剛
発行所　中央労働災害防止協会
　　　　〒108-0023　東京都港区芝浦 3-17-12 吾妻ビル 9 階
　　　　ＴＥＬ＜販売＞ 03-3452-6401
　　　　　　　＜編集＞ 03-3452-6209
　　　　ホームページ　https://www.jisha.or.jp/
印　　刷　㈱丸井工文社
イラスト　かすや たかひろ
デザイン　㈱ユニックス
© 2007　24061-0110
定価：275 円（本体 250 円＋税 10%）
ISBN978-4-8059-1152-5 C3060 ¥250E